O DESPERTAR DO EMPREENDEDOR

E.M AO QUADRADO

Copyright © 2024 E.M2

All rights reserved

The characters and events portrayed in this book are fictitious. Any similarity to real persons, living or dead, is coincidental and not intended by the author.

No part of this book may be reproduced, or stored in a retrieval system, or transmitted in any form or by any means, electronic, mechanical, photocopying, recording, or otherwise, without express written permission of the publisher.

ISBN-13: 9798333191069
ISBN-10: 1477123456

Cover design by: Art Painter
Library of Congress Control Number: 2018675309
Printed in the United States of America

INTRODUÇÃO

Bem-vindo ao livro "O DESPERTAR DO EMPREENDEDOR". Este livro foi escrito com o objetivo de guiá-lo em uma jornada de autodescoberta e crescimento pessoal, focada no desenvolvimento da autoconfiança. Ao longo destas páginas, exploraremos estratégias práticas, insights psicológicos e exercícios transformadores que o ajudarão a cultivar uma confiança sólida e duradoura em si mesmo.

A confiança é um dos pilares fundamentais para o sucesso em todas as áreas da vida. Ela não apenas influência como nos vemos, mas também afeta diretamente nossas interações com os outros, nossas decisões e nossa capacidade de enfrentar desafios com resiliência. No entanto, construir e manter essa confiança pode ser uma jornada complexa e pessoal.

Este livro não oferece soluções rápidas ou promessas milagrosas. Em vez disso, propõe um caminho de auto exploração e crescimento gradual. Acreditamos que cada pessoa possui um potencial infinito para crescer e se transformar, e é nossa missão fornecer as ferramentas e apoio necessários para você descobrir e desenvolver seu próprio poder interior.

Ao longo das próximas páginas, você será encorajado a refletir sobre suas crenças, desafiar seus medos, reconhecer suas conquistas e explorar novas maneiras de se relacionar consigo mesmo e com o mundo ao seu redor. Vamos explorar juntos como vencer a autocrítica, cultivar uma mentalidade positiva e construir relacionamentos que nutram sua confiança.

Cada capítulo foi cuidadosamente projetado para abordar

aspectos específicos do desenvolvimento da autoconfiança, oferecendo princípios fundamentais, exercícios práticos e histórias inspiradoras que ilustram o poder transformador da confiança em si mesmo.

Este livro é para todos aqueles que desejam fortalecer sua autoestima, superar desafios e viver uma vida plena e autêntica. Independentemente de onde você esteja em sua jornada pessoal, esperamos que este livro o capacite a descobrir e abraçar o poder de acreditar em si mesmo.

Prepare-se para uma jornada de crescimento pessoal, autodescoberta e realização. Estamos ansiosos para acompanhá-lo nesta jornada de construção de confiança e descoberta do seu verdadeiro potencial.

CONTENTS

Title Page
Copyright
INTRODUÇÃO
1. Entendendo a Importância da Autoconfiança — 1
2. Identificando suas Forças e Fraquezas — 4
3. Definindo Objetivos Alcançáveis — 7
4. Superando o Medo do Fracasso — 10
5. Cultivando uma Mentalidade Positiva — 13
6. Aceitando e Aprendendo com Críticas — 16
7. Desafiando Crenças Limitantes — 19
8. Desenvolvendo Resiliência e Persistência — 22
9. Construindo Relacionamentos que Nutrem a Confiança — 24
10. Praticando a Autenticidade — 27
11. Celebrando suas Conquistas — 29
12. Mantendo-se Comprometido com o Crescimento Contínuo — 32
CONCLUSÃO — 35
13. Dica dos Autores — 37
AGRADECIMENTOS — 43

1. ENTENDENDO A IMPORTÂNCIA DA AUTOCONFIANÇA

Neste capítulo, exploraremos o conceito fundamental de autoconfiança e seu impacto abrangente em todas as áreas da vida.

Introdução ao Conceito de Autoconfiança

A autoconfiança pode ser definida como a crença e a fé em suas próprias habilidades, capacidades e decisões. É a convicção interna de que você possui os recursos necessários para enfrentar desafios, superar obstáculos e alcançar seus objetivos. A autoconfiança não se trata apenas de autoestima ou sentir-se bem consigo mesmo; é sobre ter uma percepção realista e positiva de suas competências.

Como a Confiança em Si Mesmo Afeta Todas as Áreas da Vida

1. Desempenho Profissional e Acadêmico:

- A confiança em si mesmo está diretamente ligada ao desempenho no trabalho e nos estudos.
- Pessoas confiantes tendem a assumir desafios com mais coragem e persistência, buscando constantemente melhorias e oportunidades de crescimento.

2. Relacionamentos Interpessoais:

- A autoconfiança influencia diretamente como você se relaciona com os outros.
- Indivíduos confiantes geralmente estabelecem conexões mais profundas e autênticas, pois estão confortáveis em mostrar quem são verdadeiramente.

3. Saúde Mental e Bem-Estar:

- A falta de autoconfiança pode levar a sentimentos de ansiedade, estresse e baixa autoestima.
- Por outro lado, indivíduos confiantes tendem a lidar melhor com o estresse e têm uma visão mais positiva da vida.

4. Tomada de Decisão:

- A confiança em si mesmo permite tomar decisões mais rápidas e assertivas.
- Indivíduos confiantes confiam em sua intuição e capacidade de avaliar as situações de forma eficaz.

5. Resiliência e Capacidade de Superar Adversidades:

- Pessoas com alta autoconfiança são mais resilientes diante de

desafios e fracassos.
- Elas veem contratempos como oportunidades de aprendizado e crescimento, em vez de obstáculos insuperáveis.

Conclusão

A autoconfiança é um recurso poderoso que pode transformar significativamente sua vida pessoal e profissional. Ao desenvolver e fortalecer sua autoconfiança, você não apenas melhora seu desempenho e bem-estar geral, mas também influencia positivamente suas interações com os outros e sua capacidade de enfrentar os desafios da vida com propósito e otimismo.

Nos capítulos seguintes, exploraremos estratégias práticas para cultivar e manter a autoconfiança em diversas situações, ajudando-o a construir uma base sólida para o sucesso e o bem-estar duradouros.

Continue sua jornada de descoberta e crescimento pessoal. A autoconfiança não é apenas alcançável, mas também uma habilidade que pode ser desenvolvida e fortalecida ao longo do tempo.

Em frente ao sucesso e à realização pessoal!

2. IDENTIFICANDO SUAS FORÇAS E FRAQUEZAS

Neste capítulo, vamos explorar a importância da autoavaliação para identificar suas forças e fraquezas. Entender o que você valoriza em si mesmo e reconhecer áreas para crescimento pessoal são passos fundamentais para o desenvolvimento da autoconfiança e do autodesenvolvimento.

Autoavaliação: Descobrindo o que Você Valoriza em Si Mesmo

1. Reflexão Sobre Conquistas Passadas:

- Pense em momentos em que você se sentiu mais realizado e orgulhoso.
- Identifique as habilidades, qualidades pessoais e conquistas que contribuíram para esses momentos positivos.

2. Feedback de Terceiros:

- Busque feedback honesto de amigos, familiares ou colegas de trabalho sobre suas qualidades e pontos fortes.
- Esteja aberto para ouvir diferentes perspectivas e insights sobre suas habilidades e contribuições.

Reconhecendo Áreas para Crescimento Pessoal

1. Identificação de Fraquezas:

- Reconheça áreas em que você enfrenta desafios ou sente que precisa melhorar.
- Seja honesto consigo mesmo ao identificar habilidades ou comportamentos que possam estar limitando seu potencial.

2. Estabelecimento de Metas de Desenvolvimento:

- Defina metas específicas e alcançáveis para desenvolver habilidades ou competências nas áreas identificadas como fraquezas.
- Divida suas metas em etapas menores e estabeleça prazos realistas para monitorar seu progresso.

3. Aprendizado Contínuo e Autodesenvolvimento:

- Comprometa-se com o aprendizado contínuo e o autodesenvolvimento para fortalecer suas habilidades e competências.
- Explore oportunidades de treinamento, workshops ou cursos que possam ampliar seu conjunto de habilidades e conhecimentos.

Conclusão

Ao identificar suas forças e fraquezas através da autoavaliação honesta e reflexiva, você está construindo uma base sólida para o desenvolvimento pessoal e profissional. Compreender o que você valoriza em si mesmo e reconhecer áreas para crescimento não apenas fortalece sua autoconfiança, mas também o capacita a tomar decisões mais informadas e assertivas em sua vida pessoal e carreira.

Nos próximos capítulos, exploraremos estratégias práticas para desenvolver suas forças, superar suas fraquezas e cultivar uma mentalidade de crescimento contínuo. Continue comprometido com sua jornada de autodescoberta e autodesenvolvimento, pois cada passo que você dá em direção ao autoconhecimento é um passo em direção ao seu potencial máximo.

Desejo-lhe sucesso em sua jornada de crescimento pessoal e na descoberta do seu verdadeiro potencial.

3. DEFININDO OBJETIVOS ALCANÇÁVEIS

Neste capítulo, vamos explorar a importância de definir objetivos alcançáveis que promovam a autoconfiança e como criar um plano de ação realista para alcançá-los.

Estabelecendo Metasque Promovem a Autoconfiança

1. Clareza e Especificidade:

- Defina metas claras e específicas que sejam possíveis de alcançá-las.
- Exemplos incluem metas relacionadas ao desenvolvimento profissional, como adquirir novas habilidades ou obter uma promoção, ou metas pessoais, como melhorar a saúde física ou aprender um novo hobby.

2. Relevância e Significado Pessoal:

- Assegure-se de que suas metas estejam alinhadas com seus valores pessoais e objetivos de vida.
- Escolha metas que sejam significativas para você, o que aumenta a motivação e o comprometimento em alcançá-las.

3. Definição de Prazos Realistas:

- Estabeleça prazos claros para suas metas, dividindo-as em etapas menores e estabelecendo marcos ao longo do caminho.
- Isso ajuda a manter o foco e a disciplina necessários para alcançar seus objetivos dentro do cronograma desejado.

Criando um Plano de Ação Realista

1. Identificação de Etapas e Recursos Necessários:

- Liste as etapas específicas que você precisa seguir para alcançar cada objetivo.
- Identifique os recursos, habilidades ou conhecimentos necessários para cada etapa do plano.

2. Alocação de Tempo e Priorização:

- Estabeleça um cronograma realista para a conclusão de cada etapa do plano de ação.
- Priorize suas atividades diárias para dedicar tempo suficiente ao progresso em direção aos seus objetivos.

3. Monitoramento e Ajustes:

- Monitore periodicamente seu progresso em relação às metas estabelecidas.
- Esteja preparado para ajustar seu plano de ação conforme

necessário para lidar com desafios inesperados ou mudanças nas circunstâncias.

Conclusão

Definir objetivos alcançáveis e criar um plano de ação realista são passos essenciais para promover a autoconfiança e alcançar o sucesso em qualquer área da vida. Ao estabelecer metas claras e significativas, você fortalece sua determinação e capacidade de superar desafios ao longo do caminho.

Nos próximos capítulos, exploraremos estratégias adicionais para superar obstáculos, cultivar uma mentalidade de crescimento e celebrar os sucessos ao longo do processo. Lembre-se sempre de que cada passo em direção aos seus objetivos é uma conquista em si mesma, contribuindo para sua jornada contínua de autodesenvolvimento e realização pessoal.

Continue comprometido com seu crescimento pessoal e profissional, e que seus objetivos se tornem conquistas realizadas.

4. SUPERANDO O MEDO DO FRACASSO

Neste capítulo, exploraremos estratégias para superar o medo do fracasso, mudar sua perspectiva sobre o fracasso e aprender com os desafios e rejeições.

Mudando sua Perspectiva sobre o Fracasso

<u>1. Reconhecendo o Fracasso como uma Oportunidade de Aprendizado:</u>

- Entenda que o fracasso faz parte do processo de crescimento e aprendizado.
- Veja o fracasso como uma oportunidade para identificar áreas de melhoria e desenvolver resiliência.

<u>2. Desconstruindo o Medo do Fracasso:</u>

- Identifique e desafie pensamentos negativos ou crenças limitantes relacionadas ao fracasso.
- Reflita sobre experiências passadas e como você superou desafios semelhantes.

<u>3. Cultivando uma Mentalidade de Crescimento:</u>

- Adote uma mentalidade de crescimento, onde os desafios são vistos como oportunidades para aprender e crescer.
- Encare o fracasso como um passo necessário em direção ao sucesso, em vez de uma derrota final.

Aprendendo com os Desafios e Rejeições

1. Reflexão e Autoavaliação:

- Após enfrentar desafios ou rejeições, reserve um tempo para refletir sobre a experiência.
- Identifique lições aprendidas, pontos fortes e áreas para melhoria.

2. Persistência e Resiliência:

- Desenvolva a capacidade de se recuperar rapidamente de contratempos e continuar perseguindo seus objetivos.
- Mantenha-se focado em suas metas de longo prazo, mesmo diante de obstáculos temporários.

3. Suporte e Networking:

- Busque apoio de amigos, familiares ou mentores durante períodos difíceis.
- Construa uma rede de suporte que possa oferecer insights, encorajamento e orientação quando necessário.

Conclusão

Superar o medo do fracasso envolve mudar sua perspectiva sobre o fracasso e aprender com os desafios e rejeições ao longo do caminho. Ao reconhecer o fracasso como uma parte natural do processo de crescimento, você fortalece sua capacidade de enfrentar adversidades com determinação e otimismo.

Nos próximos capítulos, exploraremos estratégias adicionais para fortalecer sua autoconfiança, cultivar uma mentalidade de resiliência e continuar avançando em direção aos seus objetivos pessoais e profissionais. Lembre-se de que cada desafio superado e lição aprendida contribui para sua jornada de autodesenvolvimento e sucesso.

Continue comprometido com sua jornada de crescimento pessoal e profissional, e que suas experiências de fracasso se transformem em valiosas oportunidades de aprendizado e crescimento.

5. CULTIVANDO UMA MENTALIDADE POSITIVA

Neste capítulo, exploraremos estratégias para cultivar uma mentalidade positiva através da prática da gratidão diária e do desenvolvimento de pensamentos positivos e autocompaixão.

Praticando a Gratidão Diária

1. Reconhecendo as Bênçãos Cotidianas:

- Diariamente reserve um momento de reflexão sobre as coisas pelas quais você é grato.
- Concentre-se em pequenos detalhes positivos da sua vida, como relacionamentos, conquistas pessoais ou momentos de alegria.

2. Manutenção de um Diário de Gratidão:

- Mantenha um diário onde você possa registrar diariamente três coisas pelas quais é grato.
- Revise periodicamente suas entradas de gratidão para reforçar sentimentos positivos e apreciação pela vida.

3. Expressão de Gratidão:

- Demonstre apreço e reconhecimento por pessoas importantes em sua vida.

- Pratique atos de bondade e generosidade como forma de expressar gratidão.

Desenvolvendo Pensamentos Positivos e Autocompaixão

1. Autoafirmações Positivas:

- Identifique e desafie pensamentos autocríticos ou negativos.
- Substitua-os por declarações positivas sobre suas habilidades, conquistas e potencial.

2. Prática de Autocompaixão:

- Cultive um relacionamento compassivo consigo mesmo, aceitando imperfeições e reconhecendo seus esforços.
- Trate-se com bondade e compreensão em momentos de dificuldade ou fracasso.

3. Foco no Autoconhecimento e Desenvolvimento:

- Busque entender suas emoções e pensamentos de maneira objetiva e sem julgamentos.
- Comprometa-se com o crescimento pessoal contínuo, aprendendo com experiências passadas e buscando oportunidades de aprendizado.

Conclusão

Cultivar uma mentalidade positiva através da prática da

gratidão diária, desenvolvimento de pensamentos positivos e autocompaixão é essencial para promover o bem-estar emocional e a resiliência. Ao incorporar essas práticas em sua rotina diária, você fortalece sua capacidade de lidar com desafios, cultivar relacionamentos saudáveis e alcançar seu potencial máximo.

Nos próximos capítulos, exploraremos estratégias adicionais para fortalecer sua mentalidade positiva, desenvolver habilidades de gestão emocional e aplicar princípios de mindfulness para melhorar sua qualidade de vida. Lembre-se de que sua jornada de autodesenvolvimento e autoaceitação é única e digna de celebração.

Continue comprometido com sua jornada de crescimento pessoal e que sua prática de gratidão e autocompaixão seja um farol de luz em seu caminho.

6. ACEITANDO E APRENDENDO COM CRÍTICAS

Neste capítulo, vamos explorar estratégias para lidar com críticas construtivas e destrutivas, e como transformar feedback negativo em oportunidades de crescimento pessoal e profissional.

Lidando com Críticas Construtivas e Destrutivas

1. Reconhecendo a Natureza da Crítica:

- Distinga entre críticas construtivas, que são destinadas a fornecer feedback útil e construtivo, e críticas destrutivas, que são negativas e não têm o objetivo de promover melhorias.

2. Manejo Emocional:

- Respire fundo e mantenha a calma antes de responder a críticas.
- Evite reações defensivas ou impulsivas e adote uma postura receptiva para entender a perspectiva do outro.

3. Praticando a Escuta Ativa:

- Ouça atentamente o feedback, demonstrando interesse genuíno pelas opiniões e preocupações do outro.
- Faça perguntas para esclarecer pontos específicos e garantir que você compreenda completamente o feedback recebido.

Transformando Feedback Negativo em Oportunidades de Crescimento

1. Reflexão e Avaliação Objetiva:

- Reflita sobre o feedback recebido de maneira objetiva, considerando suas próprias experiências e percepções.
- Identifique áreas para melhoria e oportunidades de aprendizado que possam surgir do feedback negativo.

L2. Implementação de Mudanças:

- Desenvolva um plano de ação para abordar áreas identificadas para melhoria com base no feedback recebido.
- Comprometa-se com a implementação de mudanças positivas e mensuráveis para demonstrar seu compromisso com o crescimento pessoal e profissional.

3. Busca de Apoio e Orientação:

- Busque orientação de colegas, mentores ou profissionais experientes para ajudá-lo a desenvolver habilidades específicas ou competências mencionadas no feedback.
- Construa um sistema de suporte que possa oferecer feedback adicional e encorajamento ao longo do processo de

desenvolvimento.

Conclusão

Aceitar e aprender com críticas construtivas e destrutivas é essencial para o crescimento pessoal e profissional. Ao adotar uma abordagem receptiva e positiva em relação ao feedback, você fortalece sua capacidade de identificar áreas para melhoria, desenvolver habilidades e alcançar seu potencial máximo.

Nos próximos capítulos, exploraremos estratégias adicionais para aprimorar suas habilidades de comunicação, fortalecer relacionamentos interpessoais e continuar avançando em direção aos seus objetivos. Lembre-se de que cada experiência de feedback, seja positiva ou negativa, pode servir como uma valiosa oportunidade de aprendizado e crescimento.

Continue comprometido com sua jornada de autodesenvolvimento e que sua capacidade de transformar críticas em oportunidades seja uma fonte de inspiração e realização.

7. DESAFIANDO CRENÇAS LIMITANTES

Neste capítulo, exploraremos estratégias para identificar e combater pensamentos autossabotadores, além de construir novas narrativas que fortaleçam sua autoconfiança e capacidade de alcançar seus objetivos.

Identificando e Combatendo Pensamentos Autossabotadores

1. Autoconsciência e Reflexão:

- Esteja atento aos padrões de pensamento que podem estar limitando seu potencial.
- Identifique pensamentos autossabotadores, como autocrítica excessiva, medo do fracasso ou crenças de inadequação.

2. Questionando Crenças Limitantes:

- Desafie ativamente crenças autossabotadoras, questionando sua validade e origem.
- Procure evidências que apoiem uma visão mais equilibrada e realista de suas habilidades e potencial.

3. Substituição por Pensamentos Positivos:

- Substitua pensamentos autossabotadores por afirmações positivas e encorajadoras.
- Cultive uma mentalidade de autocuidado e autocompaixão, tratando-se com gentileza e apoiando-se durante momentos de autocrítica.

Construindo Novas Narrativas que Fortaleçam sua Confiança

1. Reformulação de Experiências Passadas:

- Reconstrua narrativas sobre suas experiências passadas para destacar aprendizados e conquistas.
- Identifique como desafios anteriores contribuíram para seu crescimento pessoal e desenvolvimento de habilidades.

2. Visualização de Sucesso:

- Visualize-se alcançando seus objetivos e superando desafios com sucesso.
- Use a visualização criativa como uma ferramenta para fortalecer sua confiança e determinação.

3. Aceitação de Imperfeições:

- Aceite que é normal cometer erros e enfrentar obstáculos ao longo do caminho.
- Reconheça que suas imperfeições são parte de sua jornada de crescimento e desenvolvimento pessoal.

Conclusão

Desafiar crenças limitantes é fundamental para fortalecer sua autoconfiança e capacidade de alcançar seu potencial máximo. Ao identificar e combater pensamentos autossabotadores, você constrói novas narrativas que promovem uma visão positiva de si mesmo e de suas capacidades.

Nos próximos capítulos, exploraremos estratégias adicionais para fortalecer sua autoimagem, desenvolver resiliência emocional e enfrentar desafios com confiança renovada. Lembre-se de que cada passo em direção ao autoconhecimento e crescimento pessoal contribui para sua jornada contínua de autodesenvolvimento e realização.

Continue comprometido com sua jornada de superação de crenças limitantes e que suas novas narrativas fortaleçam sua confiança e capacidade de alcançar seus objetivos.

8. DESENVOLVENDO RESILIÊNCIA E PERSISTÊNCIA

Neste capítulo, exploraremos estratégias para desenvolver resiliência e persistência, capacitando-o a se recuperar de contratempos e adversidades, e a manter o foco em seus objetivos a longo prazo.

Como se Recuperar de Contratempos e Adversidades

1. Aceitação e Adaptação:

- Aceite os contratempos como parte natural do processo de crescimento e aprendizado.
- Esteja apto para se adaptar às alterações de circunstâncias e reajustar suas estratégias conforme necessário.

2. Aprendizado e Reflexão:

- Extraia lições valiosas de cada experiência adversa, identificando oportunidades de aprendizado.
- Reflita sobre como você pode aplicar essas lições para crescer pessoal e profissionalmente.

3. Visualização e Comprometimento:

- Visualize-se alcançando seus objetivos e imagine como sua vida será transformada ao atingir essas metas.
- Comprometa-se com suas metas, mantendo uma mentalidade de perseverança e determinação diante de obstáculos.

Conclusão

Desenvolver resiliência e persistência é essencial para enfrentar desafios com determinação e alcançar seus objetivos a longo prazo. Ao se recuperar de contratempos e manter o foco em suas metas, você fortalece sua capacidade de superar adversidades e continuar avançando em direção ao sucesso.

Nos próximos capítulos, exploraremos estratégias adicionais para fortalecer sua mentalidade de resiliência, cultivar habilidades de gestão de estresse e aplicar princípios de autocompaixão em sua jornada de autodesenvolvimento. Lembre-se de que cada desafio superado é uma oportunidade para crescer e se tornar uma versão mais forte e resiliente de si mesmo.

Continue comprometido com sua jornada de desenvolvimento pessoal e que sua resiliência e persistência o guiem em direção a conquistas significativas e realização pessoal.

9. CONSTRUINDO RELACIONAMENTOS QUE NUTREM A CONFIANÇA

Neste capítulo, exploraremos a importância do apoio social na autoconfiança e como criar conexões positivas que promovam o crescimento pessoal.

A Importância do Apoio Social na Autoconfiança

1. Suporte Emocional e Encorajamento:

- O apoio de amigos, familiares e mentores é um fator crucial no fortalecimento da autoconfiança.
- Compartilhar desafios e sucessos com pessoas de confiança pode proporcionar encorajamento e validação.

2. Networking e Oportunidades:

- Construir uma rede de relacionamentos pode abrir portas para novas oportunidades pessoais e profissionais.
- Participar de grupos de interesse comum ou eventos de networking pode expandir sua rede e fortalecer sua autoconfiança através da conexão com outros.

3. Aceitação e Pertencimento:

- Sentir-se aceito e pertencente a um grupo social pode aumentar

sua autoestima e senso de valor pessoal.
- Cultivar relacionamentos autênticos baseados em confiança mútua promove um ambiente de apoio e crescimento contínuo.

Criando Conexões Positivas que Promovam o Crescimento Pessoal

1.Desenvolvimento de Relacionamentos Significativos:

- Investir tempo e esforço em relacionamentos que são genuínos e positivos.
- Busque pessoas que compartilhem seus valores e aspirações, oferecendo suporte mútuo e inspiração.

2. Colaboração e Aprendizado Interpessoal:

- Engaje-se em atividades colaborativas que incentivem o aprendizado mútuo e o desenvolvimento pessoal.
- Trocar experiências e conhecimentos com outros pode proporcionar novas perspectivas e habilidades.

3. Empatia e Comunicação Efetiva:

- Pratique a escuta ativa e demonstre empatia ao interagir com os outros.
- Comunique-se de maneira clara e assertiva, construindo relacionamentos baseados na compreensão e respeito mútuo.

Conclusão

Construir relacionamentos que nutrem a confiança é fundamental para o crescimento pessoal e o fortalecimento da autoconfiança. Ao buscar apoio social e criar conexões positivas, você desenvolve um sistema de suporte que promove seu bem-estar emocional e sucesso pessoal.

Nos próximos capítulos, exploraremos estratégias adicionais para fortalecer seus relacionamentos interpessoais, desenvolver habilidades de comunicação e cultivar uma rede de apoio que enriqueça sua jornada de autodesenvolvimento. Lembre-se de que cada conexão significativa contribui para sua capacidade de alcançar seus objetivos e viver uma vida satisfatória e realizada.

Continue comprometido em construir relacionamentos que nutram sua confiança e que cada interação seja uma oportunidade para crescimento pessoal e aprendizado mútuo.

10. PRATICANDO A AUTENTICIDADE

Neste capítulo, exploraremos a importância de praticar a autenticidade, viver de acordo com seus valores e crenças, e como atrair pessoas e oportunidades alinhadas com quem você realmente é.

Vivendo em compromisso com seus Valores e Crenças

1. Autoconhecimento e Reflexão:

- Identifique seus valores fundamentais e crenças pessoais que definem quem você é.
- Reflita sobre como esses valores influenciam suas decisões e ações no dia a dia.

2. Integridade e Coerência:

- Mantenha-se fiel aos seus princípios, agindo de maneira consistente com seus valores em todas as situações.
- Demonstre integridade em suas interações pessoais e profissionais, construindo confiança e respeito mútuo.

3. Autoaceitação e Autenticidade:

- Aceite suas imperfeições e peculiaridades como parte integral de quem você é.

- Cultive uma relação positiva consigo mesmo, praticando autocompaixão e valorizando sua singularidade.

Atraindo Pessoas e Oportunidades Alinhadas com sua Autenticidade

1. Conexões Autênticas:

- Procure relacionamentos baseados na aceitação mútua e no apoio genuíno.
- Atraia pessoas que valorizem sua autenticidade e respeitem seus valores e crenças.

2. Oportunidades de Crescimento Pessoal e Profissional:

- Busque oportunidades que estejam alinhadas com seus interesses e paixões pessoais.
- Escolha projetos e colaborações que permitam expressar sua autenticidade e contribuir com suas habilidades únicas.

11. CELEBRANDO SUAS CONQUISTAS

Neste capítulo, exploraremos a importância de reconhecer e comemorar seus sucessos, grandes e pequenos, e refletir sobre o progresso feito em sua jornada de autoconfiança.

Reconhecendo e Comemorando seus Sucessos

1. Prática da Gratidão:

- Reserve um tempo regularmente para refletir sobre suas conquistas e sucessos.
- Reconheça e aprecie os momentos positivos e realizações ao longo do caminho.

2. Comemoração de Marcos Importantes:

- Celebre marcos significativos em sua jornada pessoal e profissional.
- Organize pequenas celebrações ou momentos especiais para marcar suas conquistas.

3. Autovalorização e Reconhecimento:

- Valorize seus esforços e conquistas, independentemente de sua

magnitude.
- Pratique a autoaceitação e reconheça seu próprio valor e contribuições.

Refletindo sobre o Progresso na Jornada de Autoconfiança

1. Avaliação de Crescimento Pessoal:

- Reflita sobre como sua autoconfiança evoluiu ao longo do tempo.
- Identifique áreas específicas onde você cresceu e se desenvolveu em termos de autoaceitação e autoestima.

2. Aprendizado com Desafios e Adversidades:

- Reconheça os desafios que você enfrentou e como superou obstáculos ao longo de sua jornada.
- Extraia lições valiosas de experiências de superação e transforme-as em oportunidades de crescimento pessoal.

3. Visualização de um Futuro Positivo:

- Visualize o futuro com otimismo e confiança, com base no progresso que você fez até agora.
- Estabeleça novos objetivos e metas que reflitam seus valores e aspirações pessoais.

Conclusão

Celebrar suas conquistas e refletir sobre seu progresso na

jornada de autoconfiança é essencial para promover um senso de realização e motivação contínua. Ao reconhecer seus sucessos e aprender com desafios, você fortalece sua autoestima e capacidade de enfrentar novos desafios com confiança.

Nos próximos capítulos, exploraremos estratégias adicionais para sustentar seu crescimento pessoal, cultivar uma mentalidade de gratidão e fortalecer sua resiliência emocional. Lembre-se de que cada passo em direção à celebração e reflexão contribui para uma vida mais plena e satisfatória.

Continue comprometido em reconhecer suas conquistas e que suas reflexões fortaleçam sua jornada de autoconfiança e crescimento pessoal.

12. MANTENDO-SE COMPROMETIDO COM O CRESCIMENTO CONTÍNUO

Neste capítulo, exploraremos como criar um plano para sustentar sua autoconfiança ao longo do tempo e quais recursos e estratégias podem ajudar a continuar desenvolvendo sua confiança pessoal.

Criando um Plano para Sustentar sua Autoconfiança

1. Definição de Objetivos Claros:

- Estabeleça metas específicas relacionadas ao desenvolvimento da autoconfiança.
- Divida seus objetivos em etapas mensuráveis e realistas para facilitar o acompanhamento e o progresso ao longo do tempo.

2. Prática de Autocuidado Regular:

- Reserve um tempo para cuidar de seu bem-estar físico, emocional e mental.
- Adote rotinas de autocuidado que promovam uma mentalidade positiva e sustentem sua energia e motivação.

3. Aprendizado Contínuo e Desenvolvimento Pessoal:

- Busque oportunidades de aprendizado que ampliem suas habilidades e conhecimentos.
- Participe de workshops, cursos ou grupos de apoio que ofereçam suporte e incentivo ao crescimento pessoal.

Recursos e Estratégias para Desenvolver sua Confiança Pessoal

1. Prática de Afirmações Positivas:

- Utilize afirmações diárias para reforçar uma mentalidade de autocompaixão e autoconfiança.
- Reforce pensamentos positivos sobre suas capacidades e realizações pessoais.

2. Networking e Apoio Social:

- Mantenha conexões com pessoas que ofereçam suporte e encorajamento.
- Participe de comunidades ou grupos de interesse onde você possa compartilhar experiências e receber feedback construtivo.

3. Mentoria e Coaching:

- Considere buscar orientação de um mentor ou coach que possa ajudá-lo a desenvolver habilidades específicas e construir confiança em áreas-chave.
- Aproveite a experiência e o conhecimento de outros para orientação e inspiração.

Conclusão

Manter-se comprometido com o crescimento contínuo da autoconfiança é um processo contínuo que requer dedicação e autodescoberta. Ao criar um plano estruturado e utilizar recursos e estratégias eficazes, você fortalece sua confiança pessoal e capacidade de enfrentar desafios com determinação.

Nos próximos capítulos, explore ainda mais maneiras de sustentar seu crescimento pessoal, cultivar relações significativas e fortalecer sua resiliência emocional. Lembre-se de que sua jornada de desenvolvimento pessoal é única e valiosa, e cada passo que você dá contribui para sua jornada de autodescoberta e realização.

Continue comprometido em desenvolver sua autoconfiança e que seu plano para sustentar o crescimento contínuo seja uma fonte de inspiração e sucesso duradouro.

CONCLUSÃO

Chegamos ao fim desta jornada através das páginas de "O DESPERTAR DO EMPREENDEDOR". Ao longo deste livro, exploramos profundamente o significado da autoconfiança, suas raízes psicológicas e suas ramificações em todas as áreas de nossas vidas. Mais importante ainda, descobrimos juntos estratégias práticas e reflexões pessoais que podem transformar gradualmente nossa relação conosco e com o mundo ao nosso redor.

A autoconfiança não é apenas um estado de espírito; é uma jornada contínua de autodescoberta e crescimento. É sobre aprender a reconhecer e valorizar nossas próprias capacidades, independentemente dos desafios que enfrentamos. Ao longo deste livro, aprendemos que construir confiança não acontece da noite para o dia. Requer autoconhecimento, paciência consigo mesmo e um compromisso constante com o crescimento pessoal.

Cada capítulo foi projetado para oferecer insights úteis e práticos, desde a identificação de nossas forças e fraquezas até o desenvolvimento de uma mentalidade positiva, o enfrentamento do medo do fracasso e a construção de relacionamentos autênticos.

Aprendemos a importância de definir metas alcançáveis, cultivar uma mentalidade resiliente e celebrar nossas conquistas ao longo do caminho.

À medida que concluímos esta jornada juntos, quero lembrá-lo de que sua jornada de construção de confiança é única e pessoal. Cada passo que você deu ao longo deste livro é um testemunho do seu compromisso com seu próprio crescimento e bem-estar. Encorajo você a continuar praticando os princípios e estratégias compartilhados aqui, mesmo após fechar este livro.

Lembre-se de que a autoconfiança não é um destino final, mas sim uma jornada contínua de aprendizado e crescimento. Permita-se aprender com cada experiência, seja ela um sucesso ou um desafio. Mantenha-se aberto para explorar novas oportunidades, desafiar-se e adaptar-se às mudanças que a vida lhe apresenta.

Espero que este livro tenha sido uma fonte de inspiração e apoio enquanto você constrói uma confiança sólida e duradoura em si mesmo. Que você continue acreditando no seu potencial e na pessoa incrível que você é. Lembre-se sempre de que o sucesso não é apenas alcançar metas, mas também aprender e crescer ao longo do caminho. Com determinação, visão e uma mentalidade positiva, você está preparado para enfrentar os desafios e transformar suas ideias em realidade.

Que sua jornada empreendedora seja repleta de realizações e contribuições significativas para o mundo. O futuro aguarda suas iniciativas com entusiasmo e oportunidades sem fim.

13. DICA DOS AUTORES

Montando Sua Empresa com o PDCA

Neste capítulo, vamos explorar como utilizar o ciclo PDCA para montar e gerenciar sua empresa de maneira eficaz.

Introdução ao PDCA

O ciclo PDCA (Plan, Do, Check, Act) é uma metodologia de gestão que permite melhorar continuamente os processos e produtos de uma organização. Ele é composto por quatro etapas interligadas:

1. Planejamento (Plan):
- Defina claramente seus objetivos e metas para o negócio.
- Identifique os recursos necessários e estabeleça um plano de ação detalhado.

2. Execução (Do):

- Implemente o plano conforme estabelecido na etapa de planejamento.
- Atribua responsabilidades e recursos necessários para cada tarefa.

3. Verificação (Check):

- Monitore e avalie os resultados obtidos após a implementação.
- Compare os resultados com as metas estabelecidas e identifique desvios ou áreas de melhoria.

4. Ação (Act):

- Com base na análise dos resultados, tome ações corretivas para ajustar o que não está funcionando.
- Implemente melhorias e ajustes nos processos conforme necessário.

Implementando o PDCA na Sua Empresa

Agora, vamos aplicar o ciclo PDCA no contexto de montar sua própria empresa:

1. Planejamento:

- Defina a Visão e Missão: Estabeleça a razão de ser da sua empresa e a direção que deseja seguir.
- Análise de Mercado: Pesquise o mercado-alvo, concorrência, e

identifique oportunidades e ameaças.
- Estratégia de Negócio: Desenvolva um plano estratégico detalhado com objetivos de curto, médio e longo prazo.

2. Execução:

- Implementação do Plano: Coloque em prática as estratégias definidas, incluindo a estrutura organizacional, processos operacionais e gestão de recursos humanos.
- Monitoramento Inicial: Acompanhe de perto o desempenho inicial do negócio e ajuste conforme necessário.

3. Verificação:

- Análise de Resultados: Compare os resultados alcançados com os objetivos estabelecidos.
- Identificação de Gargalos: Identifique problemas ou áreas onde os resultados estão abaixo das expectativas.

4. Ação:

- Melhorias Contínuas: Com base na análise, implemente melhorias nos processos, produtos ou serviços oferecidos pela empresa.
- Correções e Ajustes: Realize ajustes necessários para garantir que a empresa esteja operando de maneira eficiente e eficaz.

Conclusão

Utilizando o ciclo PDCA, você pode não apenas montar sua empresa de forma estruturada, mas também garantir que ela cresça de maneira sustentável e com constante aprendizado e adaptação às demandas do mercado. Este método não só facilita o início do seu negócio, mas também o fortalece ao longo do tempo, permitindo que você alcance suas metas empresariais com mais confiança e eficácia.

AGRADECIMENTOS

Gostaríamos de agradecer você por fazer parte deste projeto, somos autores independentes nos autodenominamos E.M2, temos a missão de compartilharmos a sociedade as nossas experiências interpessoais e profissionais, estamos dispostos a ajudá-lo alcançar a sua melhor versão.

Então fique atento, lançaremos vários livros para auxiliá-lo nesta jornada, se de alguma forma nosso material o ajudou a evoluir, já valeu o nosso esforço, e sabemos que a sua evolução vai contagiar o seu ecossistema, essa é a nossa missão na sociedade.

Somos gratos a Deus, as nossas famílias, e a todos vocês nossos amigos, por esta conquista.

www.ingramcontent.com/pod-product-compliance
Lightning Source LLC
Chambersburg PA
CBHW072020230526
45479CB00008B/308